SÉRIE
diálogo
na sala de aula

Kelly Cristina Araujo

Áfricas no Brasil

Ilustrações de
Cristina Bottallo

Gerência editorial
Sâmia Rios

Edição
Mauro Aristides

Assistência editorial
José Paulo Brait e Laura Bacellar

Revisão
Nair Hitomi Kayo

Coordenação de arte
Maria do Céu Pires Passuello

Programação visual de capa e miolo
Didier D. C. Dias de Moraes

Foto de capa
Jaime Yamane/ Lotus Press

Cartografia
Mário Yoshida

Pesquisa iconográfica
Maria Alice Silva Bragança

editora scipione

Av. Otaviano Alves de Lima, 4400
Freguesia do Ó
CEP 02909-900 – São Paulo – SP

ATENDIMENTO AO CLIENTE
Tel.: 4003-3061

www.scipione.com.br
e-mail: atendimento@scipione.com.br

2018
ISBN 978-85-262-5099-4 – AL
ISBN 978-85-262-5100-7 – PR

Cód. do livro CL: 733298

1.ª EDIÇÃO
10ª. impressão

Impressão e acabamento
Renovagraf

* ◈ *

Ao comprar um livro, você remunera e reconhece o trabalho do autor e de muitos outros profissionais envolvidos na produção e comercialização das obras: editores, revisores, diagramadores, ilustradores, gráficos, divulgadores, distribuidores, livreiros, entre outros.

Ajude-nos a combater a cópia ilegal! Ela gera desemprego, prejudica a difusão da cultura e encarece os livros que você compra.

* ◈ *

Dados Internacionais de Catalogação na Publicação (CIP)
(Câmara Brasileira do Livro, SP, Brasil)

Araujo, Kelly Cristina

    Áfricas no Brasil / Kelly Cristina Araujo; ilustrações Cristina Bottallo. – São Paulo: Scipione, 2003.
(Série Diálogo na sala de aula)

    1. Afro-brasileiros - Brasil 2. Afro-brasileiros - condições sociais 3. Brasil - civilização - influências africanas 4. Brasil - história 5. Negros - Brasil I. Bottallo, Cristina. II. Título. III. Série.

03-6139   CDD-981

Índice para catálogo sistemático:
1. Brasil: influências africanas: história 981

Quando eu vim lá de Luanda

Quando eu vim lá de Luanda
Truxe cuíca e gonguê
Quem brincar em Cambinda Estrela
Esse baque é de Guiné

Eu tei'n bombo eu tei'n caixa
Gonguê com a fita
Eu tei'n rei e rainha e boneca bonita

"Quando eu vim lá de Luanda" é uma melodia que foi coletada por Guerra Peixe, no Recife (Pernambuco). Luanda é a atual capital de Angola, um país africano. Cuíca e gonguê são instrumentos musicais, e baque é um ritmo de maracatu, um tipo de dança realizada por um bloco fantasiado. Este segue uma mulher que leva na mão um bastão com uma boneca ricamente enfeitada na ponta, chamada calunga.

Ao escrever este livro, recebi de algumas amigas várias indicações bibliográficas e valiosas sugestões para o aprimoramento do texto:

Lucilene Reginaldo
Susana Ventura
Marina Ribeiro
Eliza Almeida
Flávia Grimm
Andrea Prezotto

SUMÁRIO

Apresentação 7

1 Onde fica a África? 9
2 As rotas para o Brasil 11
3 Religião e solidariedade: o candomblé e as irmandades dos homens pretos 15
4 Um reino chamado Congo... 32
5 ... E uma festa chamada congada 38
6 A capoeira 41
7 O Brasil na África 46

Para concluir 50
Glossário 51
Bibliografia 53
A autora 55

Nas minhas andanças, fui parar na África e lá conversei com aqueles homens da Unesco, os bons, não os burocratas. Um deles me disse: "Cada vez que morre um velho africano é uma biblioteca que se incendeia".

Lygia Fagundes Telles, *A disciplina do amor.*

APRESENTAÇÃO

Repare que, no título do livro, *África* está no plural, *Áfricas*.

África é o nome de um continente em que hoje estão localizados mais de cinquenta países. Muitas pessoas ainda acreditam que a África é um espaço onde vivem povos que têm uma mesma cultura. Isso não é verdade.

Lá vivem – e sempre viveram – povos diferentes uns dos outros, fazendo deste continente um lugar riquíssimo na sua produção cultural. A África não é uma só, são várias Áfricas. Um continente que produz e produziu diferentes ritmos, histórias e ricas trajetórias.

Podemos entender que *cultura* seja a maneira como os homens se comportam diante do cotidiano que se impõe à vida: como conquistam seu alimento; como moram; como lidam com o nascimento e a morte; como se vestem, dançam e cantam; como rezam; como amam.

Neste livro, vamos estudar traços culturais de alguns povos africanos. Como essas características cruzaram o oceano Atlântico e chegaram ao Brasil? De que maneira se modificaram e hoje fazem parte do enorme universo da *cultura afro-brasileira*?

Quando falamos de cultura afro-brasileira, devemos pensá-la como parte do universo cultural do Brasil como um todo.

Não podemos esquecer que desse universo faz parte também a *cultura ameríndia*, incorporada dos diferentes grupos chamados pelos portugueses de "indígenas", que já viviam na América antes da chegada dos europeus. Não devemos imaginar que a cultura afro-brasileira ou a cultura ameríndia sejam manifestações culturais que ocorram isoladamente. Ambas são parte da rica *cultura brasileira*.

Ao mencionar a África e os africanos, lembramos logo dos escravos como homens e mulheres que, trazidos à força de suas terras, vieram para servir. Mas aquele não era apenas um continente vasto e perigoso, em que os europeus se arriscavam com o intuito de fazer mais e mais **cativos**(*). Havia na África muitas histórias. Histórias de homens, mulheres e crianças que nos foram trazidas pelos barcos que cruzaram o oceano Atlântico durante quatro longos séculos.

Essas histórias que **aportaram** no Brasil lutaram para sobreviver, assim como os homens e mulheres que as trouxeram e as contaram.

Aqui vamos contar a trajetória de algumas dessas histórias, mas devemos entender que as manifestações culturais dos africanos que vieram para o Brasil ocorreram em diferentes épocas e lugares do nosso território.

Neste trabalho, não delimitamos um tempo e um lugar, mas escolhemos abordar algumas das manifestações que, de alguma forma, permaneceram e podem ainda hoje ser encontradas no Brasil.

(*) No final do livro, há um glossário com as palavras e expressões destacadas em negrito. Os termos aparecem no singular, exceto os nomes de povos.

1
Onde fica a África?

Olhe com atenção o mapa do continente africano e veja como é vasto o seu território. Imagine quantas pessoas, diferentes umas das outras, podem viver nesse imenso espaço.

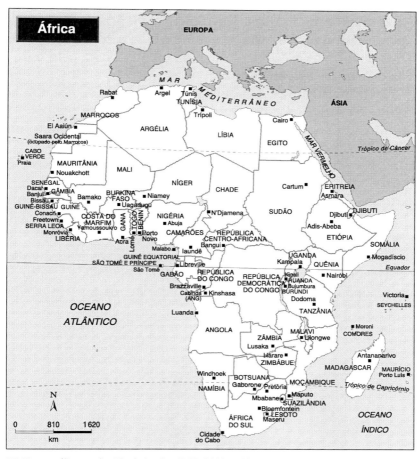

ATLAS geográfico escolar. Rio de Janeiro: IBGE, 2002. p.51.

Para nós, a África parece muito longe. Mas basta observarmos um mapa para percebermos o quanto está próxima.

Vamos agora nos virar de frente para o continente africano e contar a história daqueles que vieram para ser escravos, mas que não contribuíram apenas com seu trabalho nas lavouras e nas casas dos senhores. Aprenderam aqui outras maneiras de sobreviver e ensinaram outra forma de ver a vida.

No século XV, alguns reinos europeus, como o de Portugal, passaram a se preocupar com a expansão dos seus domínios. Para alcançar seus objetivos, lançaram-se ao mar, investiram na navegação, no comércio e na conquista de outros povos e terras – era o início da intensa busca pelo ouro e da disseminação da fé cristã.

Os portugueses conquistaram a cidade de Ceuta, no Norte da África, no ano de 1415, e de lá partiram para outros pontos do continente, em direção ao sul. Não acharam um lugar vazio ou povoado de homens "bárbaros".

Na África, encontraram povos com ricas e variadas culturas. Muitos eram os estilos da arquitetura utilizada na construção de casas e templos, da cerâmica em que guardavam seus alimentos ou davam forma a seus deuses, da pintura e da escultura, entre tantos outros elementos.

Havia homens e mulheres ocupados com as mais diversas atividades. Lá viviam alfaiates, pescadores, ceramistas, músicos, contadores de histórias, apenas para citar alguns dos seus ofícios.

2
As rotas para o Brasil

Homens e mulheres de diferentes lugares da África foram tirados de suas terras e levados à força para os navios negreiros. Observe o mapa da página 13 e acompanhe, através do texto, a trajetória dos africanos que vieram para ser escravos no Brasil.

Os navios, onde morriam muitos dos cativos, não traziam apenas homens e mulheres que, tendo sido transformados em mercadorias, seriam vendidos como escravos. Havia nos seus porões muitos modos de enxergar o mundo e de reagir à vida. Além de lágrimas, lembranças e saudade, essas embarcações carregavam outras maneiras de falar, rir e contar histórias, outra alegria, outros ritmos.

Vamos abrir os olhos, apurar os ouvidos e prestar atenção nas histórias dos africanos, ao som do agogô, do gonguê, das flautas, dos sanzas e dos olifantes – instrumentos trazidos por eles.

Durante o século XVI, os escravos vinham, em sua maioria, da Costa da Guiné, que abrange atualmente Senegal, Gâmbia, Guiné-Bissau, Guiné e Serra Leoa. No desembarque, eram levados para as províncias de Pernambuco, da Bahia, do Maranhão e do Grão-Pará.

No século XVII, a principal região onde se praticava o tráfico passou a ser a Costa de Angola, onde hoje encontram-se a Guiné Equatorial, o Gabão, o Congo-Brazzaville, o Congo-Kinshasa e Angola. Os africanos trazidos dessa região foram encaminhados para o Maranhão e o Grão-Pará, e também para os atuais estados do Rio Grande do Norte e da Bahia.

Após uma epidemia de **varíola** na Costa de Angola, que causou uma importante perda populacional na região, o tráfico concentrou-se na chamada Costa da Mina, assim denominada porque ali os portugueses fundaram, no ano de 1482, uma fortaleza com o nome de São Jorge da Mina. A Costa da Mina atualmente compreende a Costa do Marfim, Gana, o Togo, o Benim, a Nigéria e Camarões. Os africanos de lá foram levados para a Bahia, Pernambuco, Alagoas, Rio de Janeiro, São Paulo e toda a região Centro-Sul do Brasil.

No decorrer do século XVIII, o fumo produzido na Bahia figurava entre as principais mercadorias de troca por escravos. Africanos vindos principalmente dos portos de Lagos (Nigéria) e Porto-Novo (Benim) desembarcavam na Bahia, no Rio de Janeiro, em São Paulo, em Pernambuco, no Grão-Pará e no Maranhão. Vieram **sudaneses**, alguns deles adeptos do **islamismo**, e **nagôs**, habitantes dos antigos reinos **iorubas**.

Ainda assim, é importante notar que homens e mulheres continuavam sendo trazidos da Costa de Angola para todo o Brasil, sendo trocados pela geribita, uma cachaça que funcionava como principal moeda de troca no tráfico com Angola.

Em 1850, foi assinada a Lei Eusébio de Queirós, que proibia o tráfico de escravos. Ela não colocava fim à escravidão, mas impedia que fossem trazidos mais africanos cativos para serem feitos escravos no Brasil.

Aqueles que queriam manter o trabalho escravo, no entanto, descobriram muitas maneiras de continuar praticando o comércio de homens e mulheres vindos do continente africano.

Ainda durante quase todo o século XIX, o último em que se praticou o tráfico de escravos no Brasil, desembarcavam aqui cativos vindos da Costa da Mina, levados para a Bahia e Pernambuco, e da Costa de Angola, encaminhados para o Maranhão, São Paulo, Rio de Janeiro, Pernambuco e Bahia.

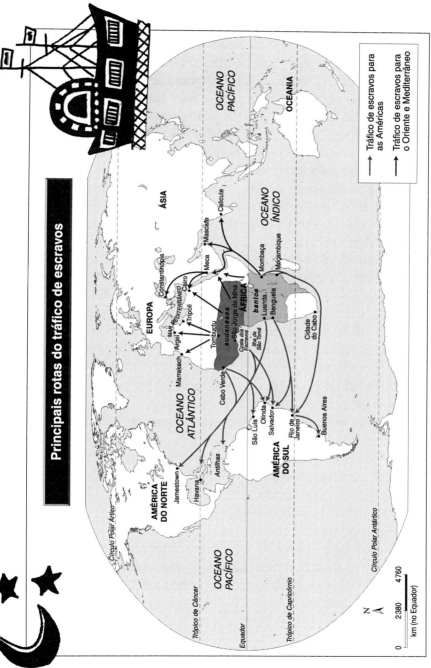

CAMPOS, Flavio de; DOLHNIKOFF, Miriam. *Atlas de história do Brasil*. 3.ed. São Paulo: Scipione, 1997. p.9.

Também nesse período foram negociados escravos nos portos de Moçambique – Sofala, Inhambane e Lourenço Marques (atual Maputo) –, região que foi denominada Contra Costa, por ser banhada pelo oceano Índico, e não pelo Atlântico. Os africanos vindos daí foram levados principalmente para Goiás, Rio Grande do Sul, Minas Gerais e São Paulo.

Devemos lembrar que os grupos culturais africanos a que muitas vezes nos referimos foram em grande medida organizados de acordo com o tráfico de escravos. O local onde foram aprisionados, o porto em que foram embarcados e o navio negreiro em que fizeram a viagem para a América podem ter influenciado essa divisão. De maneira muito simplificada, foi adotada uma classificação baseada na delimitação geográfica. Esta dividia os grupos em bantos (os povos que viviam ao sul do Saara) e sudaneses (os que ficavam ao norte dessa região).

Os bantos – africanos trazidos da região do Congo e de Angola – foram os primeiros a serem feitos cativos na África e embarcados para servir como escravos no Brasil, ainda no início da colonização.

Os sudaneses – africanos dos grupos **jejes**, **minas** e nagôs – foram os últimos que aqui desembarcaram, no final do século XIX. Em sua maioria, foram levados para cidades, e não para fazendas, das regiões Norte e Nordeste. Desse grupo também fazem parte os **malês**, vindos do Noroeste da África, região que, após intenso contato com os árabes, teve grande parte de sua população islamizada, isto é, convertida ao islamismo.

Os africanos pertencentes ao grupo dos malês participaram da organização de muitas rebeliões contra a escravidão, como a Revolta dos Malês, ocorrida em Salvador em janeiro de 1835. Cerca de 1 500 pessoas planejaram uma rebelião contra a escravidão a que estavam submetidas e também contra a obrigatoriedade da conversão à religião católica.

3
Religião e solidariedade: o candomblé e as irmandades dos homens pretos

Encontramos atualmente no Brasil traços culturais que existiram ou que ainda existem na África. Porém, não podemos esquecer que nenhuma cultura permanece igual em tempos e espaços diferentes.

Os aspectos culturais que sobreviveram ao trajeto entre a África e o Brasil e que conseguiram aqui se reproduzir foram em parte modificados pelas circunstâncias a que estiveram submetidos – primeiro a escravidão e depois a marginalidade do negro na sociedade brasileira após a abolição, em 1888.

Da mesma forma, elementos da cultura africana alteraram e continuam alterando outros traços culturais que já existiam no Brasil, inclusive aqueles trazidos da Europa.

Vamos então observar algumas características culturais dos africanos que foram incorporadas ao nosso cotidiano e hoje fazem parte da cultura brasileira.

É importante esclarecer que o universo da cultura afro-brasileira é tão grande que não é possível, neste livro, identificar todos os seus aspectos. Escolhemos alguns para conhecermos melhor.

O termo *cultura afro-brasileira* deveria ter um plural. Já sabemos que africanos de diversos lugares vieram para o Brasil. Cada grupo trazia uma rica bagagem cultural que era, muitas vezes, diferente das outras.

Esses grupos reagiram de várias maneiras à escravidão a que foram submetidos. Tinham em comum apenas o fato de não aceitarem ser condenados a trabalhar dia após dia sob a pena da violência física.

Assim como as culturas eram diferentes, as religiões que os africanos escolheram seguir também não poderiam ser as mesmas.

Não há apenas uma prática religiosa pela qual os africanos optaram no Brasil. Elas são muitas. Neste capítulo, falaremos de duas delas: o *candomblé* e as *irmandades* católicas de negros.

A religião foi, ao menos desde o princípio do século XVIII, um espaço de sobrevivência e resistência dos africanos ante o sistema escravista a que estavam submetidos no território brasileiro.

A solidariedade estabelecida entre os membros de um mesmo grupo religioso era, muitas vezes, tudo o que um negro escravo ou **alforriado** tinha: lá ele podia encontrar a certeza de uma vida menos sofrida e de uma morte mais digna.

O candomblé

Costuma-se dizer que o candomblé é uma religião brasileira de matriz africana. *Matriz*, segundo o Dicionário Houaiss da língua portuguesa, significa "lugar onde algo é gerado ou criado; aquele que é fonte ou origem; a casa paterna ou materna". Sendo assim, podemos entender o candomblé como uma prática religiosa que tem fortes ligações com uma religião que já existia em alguns lugares da África, mas que se desenvolveu e se transformou segundo as condições que encontrou no Brasil.

Há vários tipos de candomblé, que diferem entre si em alguns aspectos, de acordo com a região da África de onde foram trazidos. Exemplos: o angola (de Angola), o nagô (da Nigéria) e o jeje (do atual Benim). Aqui vamos tratar do candomblé conhecido como nagô, que, partindo da Bahia, se espalhou por todo o país.

Essa religião começou a ser praticada no Brasil pelos escravos de origem africana, mas se expandiu muito na década de 1960. Existem outros ritos nagôs que não têm origem na Bahia, como o batuque, do Rio Grande do Sul, ou o xangô, de Pernambuco.

O culto aos orixás foi trazido principalmente pelas pessoas embarcadas nos portos africanos de Lagos (atual Nigéria) e Porto-Novo (atual Benim) e levadas para a Bahia, Rio de Janeiro, São Paulo, Pernambuco, Grão-Pará e Maranhão. Esses africanos eram em sua maioria da **etnia** nagô e pertenciam aos reinos iorubas.

O primeiro terreiro de candomblé do Brasil instalou-se em Salvador, na Bahia, conhecido hoje como Casa Branca do Engenho Velho. Muitas são as discussões sobre a data de sua fundação: alguns livros dizem ter sido em 1830, mas há quem diga que é muito mais antigo, com mais de duzentos e cinquenta anos.

A Casa Branca do Engenho Velho, em Salvador (Bahia).

Essa religião já foi praticada quase que exclusivamente por negros, mas hoje é também adotada por pessoas de diferentes origens e camadas sociais.

No candomblé existem dois mundos: o mundo invisível, dos **ancestrais**, chamado *orum*; e o mundo visível, que é onde vivemos, chamado *aiye*.

O candomblé tem vários deuses, os *orixás*. Mas quem são eles? O que eles fazem?

Preste muita atenção nesta história:

Antigamente, os orixás eram homens.
Homens que se tornaram orixás por causa de seus poderes.
Homens que se tornaram orixás por causa de sua sabedoria.
Eles eram respeitados por causa da sua força.
Eles eram venerados por causa de suas virtudes.
Nós adoramos sua memória e os altos feitos que realizaram.
Foi assim que estes homens se tornaram orixás.

Os homens eram numerosos sobre a terra.
Antigamente, como hoje,
Muitos deles não eram valentes nem sábios.
A memória destes não se perpetuou.
Eles foram completamente esquecidos.
Não se tornaram orixás.
Em cada vila um culto se estabeleceu
Sobre a lembrança de um ancestral de prestígio
E lendas foram transmitidas de geração em geração
Para render-lhes homenagem.

VERGER, Pierre Fatumbi; CARYBÉ. *Lendas africanas dos orixás*. Salvador: Corrupio, 1985.

Como vimos, orixás eram homens que, pela sua virtude, tornaram-se deuses. Receberam a tarefa de criar o mundo e depois cuidar de sua criação: cada um deveria zelar por uma parte do universo, desde a natureza e os animais até a vida dos homens e das mulheres que nele habitavam.

O candomblé chamado nagô tem cerca de vinte orixás. Cada um deles possui uma história, que é contada nas suas cantigas e nas suas danças. Todos têm uma cor, um colar, uma roupa ou outro objeto que os identificam.

O local onde são realizadas as cerimônias religiosas é conhecido como *terreiro*. Cada terreiro tem um responsável, que é chamado de *pai de santo* ou *mãe de santo*. Para uma pessoa chegar a essa posição, precisa cumprir muitas etapas de preparação.

Quando alguém começa a frequentar a religião do candomblé, fica sabendo através do pai ou da mãe de santo qual é o seu orixá. Passa a ser então um *filho* ou *filha de santo*. Os seguidores da religião dos orixás são conhecidos como o *povo de santo*.

Nem todos os adeptos do candomblé são iniciados. Muitos apenas participam dos cultos e festividades e prestam devoção aos orixás.

Os adeptos do candomblé acreditam que um filho ou filha de santo age de maneira semelhante a seu orixá, reproduzindo, de alguma forma, sua trajetória e história.

O canto e a música são muito importantes nas cerimônias religiosas, pois é a expressividade dos toques e da entonação da voz que estabelece a relação entre deuses e homens.

Para cada orixá há um cântico que fala de sua vida. Todos os cânticos são transmitidos oralmente para aqueles que se *iniciam* no candomblé.

Transmitir oralmente significa que não há um livro em que os cânticos estejam escritos, mas sim que eles são repetidos muitas vezes pelos que sabem, e os *iniciados* devem ouvi-los e guardá-los na memória.

Os cânticos não são falados em português, mas em uma língua africana. São carregados de sentimento e crença, e as palavras neles pronunciadas são desvendadas mais pela emoção do que pelo entendimento. Isso porque, muitas vezes, quem entoa o cântico não sabe o significado exato de cada palavra.

Exu é o orixá mensageiro. Ele é muito importante porque faz a comunicação entre os humanos e os outros deuses. É quem leva os pedidos e as oferendas dos homens para os orixás.

(...)
Tudo o que quiserem de mim,
que me seja mandado dizer por intermédio de Exu.
E então por isso, por sua missão,
que ele seja homenageado antes dos mais velhos,
porque ele é aquele que usou o ecodidé
e não levou o carrego na cabeça
em sinal de respeito e submissão.

PRANDI, Reginaldo. *Mitologia dos orixás*. São Paulo: Companhia das Letras, 2001. p.43.

Assim como acontece em outras religiões, as oferendas servem como apelo aos deuses para que resolvam problemas de difícil solução. Os orixás recebem várias oferendas, que, na maior parte das vezes, são alimentos.

Cada orixá tem um prato de comida preferido, e geralmente é este que o devoto lhe oferece. Como os alimentos dos orixás são aqueles que se costumam comer em alguns lugares da África, essa culinária foi trazida também para o Brasil, com algumas adaptações, já que não é possível encontrar todos os ingredientes por aqui. Hoje, são pratos que também fazem parte da cozinha afro-brasileira. Quem já não comeu acarajé, vatapá ou caruru? E ainda tem muito mais!

Todos nós já ouvimos a palavra *axé*. Ela é utilizada no candomblé para dar nome a uma coluna que fica bem no meio do terreiro, fazendo a sustentação do teto. Axé é a força da vida, a grande força que existe em todas as coisas. Para todos nós então desejamos muito axé!!!

A prática do candomblé foi proibida durante muito tempo, por isso seus seguidores escondiam a devoção aos orixás, disfarçando-os em figuras de santos católicos. Os exemplos mais conhecidos são Iemanjá, orixá cultuada na figura de Nossa Senhora da Conceição; Iansã, cultuada como Santa Bárbara; e Ogum, como São Jorge, no Rio de Janeiro, e Santo Antônio, na Bahia.

Iemanjá é um dos orixás mais conhecidos no Brasil. Eis aqui uma das suas histórias, contadas no candomblé:

Iemanjá era uma rainha poderosa e sábia.
Tinha sete filhos
e o primogênito era o seu predileto.
Era um negro bonito e com o dom da palavra.
As mulheres caíam a seus pés.
Os homens e os deuses o invejavam.
Tanto fizeram e tanta calúnia levantaram
contra o filho de Iemanjá
que provocaram a desconfiança de seu próprio pai.
Acusaram-no de haver planejado a morte do pai, o rei,
e pediram ao rei que o condenasse à morte.

Iemanjá Sabá explodiu em ira.
Tentou de todas as formas aliviar seu filho da sentença,
mas os homens não ouviram suas súplicas.
E essa primeira humanidade conheceu o preço de sua vingança.
Iemanjá disse que os homens
só habitariam a Terra enquanto ela quisesse.
Como eles a fizeram perder o filho amado,
suas águas salgadas invadiram a terra.
E da água doce a humanidade não mais provaria.
Assim fez Iemanjá.
E a primeira humanidade foi destruída.

PRANDI, Reginaldo. *Mitologia dos orixás*. São Paulo: Companhia das Letras, 2001. p.386.

Os principais orixás cultuados no candomblé nagô são:
- Oxalá ou Obatalá, deus do céu e da criação do mundo;
- Iemanjá, deusa das águas do mar;
- Nanã, deusa do barro e do fundo das águas;
- Xangô, deus do fogo e dos trovões;
- Iansã, deusa dos ventos e das tempestades;
- Oxóssi, deus da caça e das matas;
- Oxum, deusa das nascentes e dos rios, da beleza e da riqueza;
- Ogum, deus do fogo, da guerra e das competições;
- Obaluaiê ou Omulu, deus das doenças;
- Oxumaré, deus masculino e feminino do arco-íris e das chuvas.

As irmandades dos homens pretos

As irmandades tiveram origem na Europa e eram uma forma de organização que costumava associar santos de devoção a determinadas atividades profissionais: São José dos Carpinteiros, São Jorge dos Serralheiros, São Crispim dos Sapateiros.

Num Brasil sustentado pela escravidão, os governantes deram apoio à Igreja católica para reprimir qualquer fé que não fosse pregada por ela. Assim, pretendendo controlar a ação da população negra, fosse escrava ou livre, a Igreja estimulou a criação de irmandades formadas por negros dentro da prática católica cristã.

No Brasil, a **sociedade escravista** distinguia as pessoas brancas das negras. Essa discriminação foi um elemento de união para os negros. Eles organizaram **confrarias** ou irmandades, nas quais, apesar de seguirem o catolicismo que lhes foi imposto, mantiveram vivas as suas tradições africanas.

Assim como o candomblé, as irmandades expressaram a resistência dos negros ante a sociedade escravista. Durante algum tempo, elas foram julgadas como exemplos de obediência e passividade do negro diante da elite escravocrata brasileira. Hoje, sabemos que isso não é verdade.

As irmandades proliferaram no Brasil durante o século XVII, atingiram o apogeu no século XVIII e entraram em decadência no final do século XIX. Os primeiros registros conhecidos dessas associações datam de 1632, em Belém, 1682, no Rio de Janeiro, e 1685, em Salvador. Foram chamadas de Irmandades do Rosário dos Homens Pretos.

A palavra *irmandade* pode nos fazer pensar num conjunto de irmãos. Era assim que se reconheciam os homens e mulheres que faziam parte das associações assim chamadas: os negros que estavam à margem da sociedade se uniam para alcançar objetivos comuns.

Essas associações também serviram como espaço de **ajuda mútua** entre os seus **confrades**, que buscavam ali desde fundos para sobreviver com a sua família até meios para conquistar sua liberdade.

Muitas delas utilizavam o dinheiro que arrecadavam para comprar alforrias de irmãos que ainda permaneciam escravos. A coleta era feita principalmente por meio de taxas de adesão à sociedade, anuidade, festas beneficentes e doações.

Santa Ifigênia (foto) e Santo Elesbão eram nobres do Norte da África, no século I, logo que surgiu o cristianismo. Ela era princesa de Noba. Ele governava o reino vizinho, a Abissínia. Por isso, a devoção aos dois santos, no Brasil, sempre foi conjunta.

Igreja de Santa Ifigênia, São Paulo-SP./Laureni Fochetto

São Benedito nasceu na Sicília (Itália), em 1526. Era filho de escravos vindos da Etiópia, que asseguraram a sua liberdade. Isso, contudo, não o livrou de uma vida de discriminação. Seu culto, no Brasil, é associado ao sofrimento dos escravos.

As irmandades negras conseguiram força social e algum poder político durante o período colonial, auge do seu crescimento e desenvolvimento. Foi assim que os negros passaram a reivindicar os seus direitos.

É importante lembrar que, no início, essas associações formavam-se de acordo com a região de origem de um determinado grupo de africanos e somente aceitavam pessoas provenientes desse lugar. Um exemplo é a Irmandade de Nossa Senhora do Rosário dos Homens Pretos, que só admitia quem viesse de Angola ou seus descendentes. Tal exigência só deixou de ser feita no século XIX, com a chegada em massa de africanos de diversas regiões.

Entre as irmandades mais importantes estão a de Nossa Senhora do Rosário dos Homens Pretos, a de Santa Ifigênia e Santo Elesbão e a de São Benedito. Todos esses padroeiros são santos negros.

Muitas dessas associações foram fundadas por negros – escravos ou alforriados – que queriam garantir para si ou para seus parentes mais próximos uma cerimônia fúnebre e um local para ser enterrados.

Os objetivos dos membros de uma determinada irmandade muitas vezes se ampliavam conforme ela crescia e ganhava força. Com o tempo, as associações se tornaram verdadeiras correntes de solidariedade destinadas ao resgate de parte da dignidade perdida com a escravidão.

Nas irmandades, o dinheiro arrecadado com as taxas de adesão e de anuidade era utilizado, por exemplo, para ajudar os irmãos em dificuldade, encomendar missas para os mortos e providenciar cerimônia fúnebre e local de sepultamento.

Os tipos de auxílio que as irmandades prestavam aos irmãos podem ser percebidos neste trecho do *compromisso* da Irmandade do Rosário e São Benedito dos Homens Pretos do Rio de Janeiro, de 1883:

1. *Prestar devoto culto à Maria Santíssima do Rosário;*
2. *sepultar os irmãos defuntos e sufragar suas almas;*
3. *cuidar da educação dos filhos legítimos dos irmãos que morreram em indigência, etc.;*
4. *libertar da escravidão os irmãos cativos.*

(Conforme citado na crônica "Rosário dos Homens Pretos", de Carlos Drummond de Andrade, em seu livro *Passeios na ilha*, p.49.)

As missas precisavam ser pagas à parte porque as irmandades não dispunham de padres que permanecessem o tempo todo em suas igrejas.

Convém lembrar que, normalmente, o negro não podia frequentar a igreja do branco. Muitas vezes, as igrejas de um e de outro chegavam a ser vizinhas. O objetivo das irmandades negras era ter sua própria capela, o que representava uma maior autonomia na realização de suas atividades.

Se as irmandades funcionaram como espaço de resgate da dignidade do negro, tiveram também papel importante na luta pelo fim da escravidão.

Como já foi dito antes, a elite escravista e a Igreja católica incentivaram a formação das irmandades como um meio de controlar as ações dos negros. Pensavam estar integrando-os à sociedade brasileira da época e evitando que se unissem em torno de sua raiz africana comum. Os brancos temiam uma **sublevação**.

Entretanto, a estratégia não funcionou. Por meio das irmandades, os negros criaram uma rede de solidariedade e de preservação de sua **identidade**. Nesses espaços, eles podiam estabelecer relações sociais. Havia irmãos que circulavam por várias irmandades, criando um elo entre elas, aumentando ainda mais sua importância.

A grande preocupação da Igreja católica em controlar as irmandades de negros era um claro indício da força dessas associações. Quando a Igreja permitia que se realizassem festas organizadas pelos negros, pretendia com isso mantê-los o mais perto possível da fé católica. Ainda assim, os africanos e seus descendentes conseguiram introduzir nessas festas elementos que faziam parte de suas manifestações culturais africanas. Era principalmente através desses eventos que se podia notar o poder das irmandades.

Como eram os próprios irmãos que organizavam as festas, cabendo à Igreja apenas celebrar a missa, ficava evidente que, se os negros conseguiam cuidar de comemorações de grande porte, também poderiam se unir para outros objetivos, como a luta pela liberdade.

A irmandade que mais cresceu foi a de Nossa Senhora do Rosário dos Homens Pretos, sendo a sua santa a que tinha o maior número de devotos. Era nessa associação que se realizava a *congada*, que consistia na eleição de um rei e de uma rainha entre os seus membros.

A congada é uma manifestação cultural que remete às raízes africanas dos grupos trazidos da região de Angola e do Congo. Saberemos no capítulo 5 como surgiu essa tradição e de que maneira vem se expressando no Brasil até os dias de hoje.

A partir de 1850, a Igreja católica passou a controlar com mais rigidez as manifestações religiosas. Essa mudança impediu que as irmandades continuassem a realizar suas festas, enfraquecendo seu poder de ação. Os negros, aos poucos, perderam seus cargos mais importantes, o que levou as associações à decadência.

Os irmãos lutaram contra o fim das irmandades, mas, no final do século XIX, elas já funcionavam com poucos recursos.

Ainda que tenham perdido muito de sua força, é importante não esquecer que foi através dessas associações que os negros da época da escravidão puderam se unir para alcançar uma vida mais digna e humana.

Foi pela união e solidariedade entre os membros das irmandades que os negros – escravos ou alforriados – encontraram uma maneira de preservar sua cultura africana. E esta, transformada pelo tempo e pelas condições sociais, hoje faz parte da nossa cultura afro-brasileira e ainda pode ser encontrada em São Paulo, Salvador, Recife, Rio de Janeiro e outras cidades.

A igreja de Nossa Senhora do Rosário dos Homens Pretos, em Salvador (Bahia), em 2002.

4
Um reino chamado Congo...

Se começarmos a contar uma história de reis e rainhas, como você vai imaginar esses personagens? É provável que logo se lembre dos filmes de cinema e televisão, que mostram a vida desses soberanos com suas ricas cortes na Europa, não é?

E se dissermos que na África também houve, desde o século XV, uma corte com rei e rainha?

Olhe de novo o mapa político da África (página 9) e identifique onde estão localizados atualmente o Congo-Brazzaville, o Congo-Kinshasa e Angola. Não se esqueça de que os habitantes dessa região, conhecida como África Centro-Ocidental, são denominados bantos. Foi aí, junto a esses povos, que se passou a história que você vai agora conhecer.

Uma das principais características de um rei era o fato de as pessoas acreditarem que ele fora escolhido por Deus para governar seu povo. Um monarca devia garantir que esse povo vivesse em tranquilidade, sem o perigo da fome ou da miséria.

O rei controla uma região que, na maior parte das vezes, foi conquistada por meio de batalhas, passando então a pertencer a seu reino. Os homens e as mulheres que habitam esse lugar são seus súditos e lhe devem obediência.

Como maior representante de um povo, o rei é o símbolo de sua gente. Toda a população forma uma comunidade que reconhece o poder do soberano e cria uma identidade comum para as diferentes pessoas que fazem parte de um mesmo reino.

Era assim também no reino chamado Congo. Observe o mapa da página seguinte e perceba sua extensão.

Acredita-se que a formação do reino do Congo tenha acontecido no final do século XIV. Na época, havia um homem, conhecido como *mani* Congo, que controlava o território do Congo. *Mani* era o título que recebiam os maiores chefes naquela região.

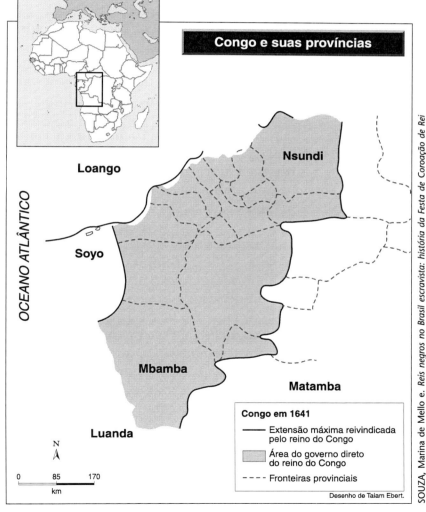

SOUZA, Marina de Mello e. *Reis negros no Brasil escravista: história da Festa de Coroação de Rei Congo.* Belo Horizonte: UFMG, 2002. p.51. (Humanitas, 71.)

A capital do reino era Mbanza Congo, onde vivia o *mani* Congo com os nobres que formavam a sua corte. Era ele o chefe supremo, por isso podemos dizer que o poder estava centralizado nas suas mãos, ainda que fosse auxiliado por um conselho real.

O reino era muito forte e estava dividido em províncias, cada qual controlada e administrada por um chefe local. Esses chefes coletavam impostos e eram responsáveis pelo controle da produção econômica de cada região.

No reino do Congo, havia enormes mercados onde eram trocados produtos como sal, tecidos e metais vindos de várias regiões. Além disso, uma moeda circulava por todo o reino, facilitando as trocas. Ela era feita de uma concha, chamada *nzimbu*, que só se encontrava na ilha de Luanda (Angola atual).

Havia também escravidão no reino do Congo, assim como em outras partes da África, mesmo antes da chegada dos europeus. Porém, é importante saber que a escravatura africana não tinha as mesmas características da que foi praticada nas Américas.

Para citar apenas algumas diferenças, na África, a escravidão não era hereditária, ou seja, o filho de um escravo não tinha necessariamente o mesmo destino. Além do mais, era possível que um cativo deixasse essa condição e se tornasse livre. E o dono de um escravo não ficava com tudo o que este produzia, mas apenas com parte de sua produção.

Em 1483, os portugueses chegaram ao reino do Congo, desembarcando na localidade de Soyo, que ficava no litoral. Eles queriam encontrar metais preciosos e abrir novas rotas de comércio, mas afirmavam que tinham como único objetivo disseminar a fé cristã a todos os povos.

O navegador português Diogo Cão encontrou-se com o *mani* Soyo, chefe daquela região, quando ali desembarcou. O visitante europeu e seus tripulantes foram muito bem recebidos.

Para os habitantes do reino do Congo, a água era o

mundo dos ancestrais, daqueles que já haviam morrido. Por isso, quando os portugueses chegaram pelo mar, os **congoleses** acreditaram que eles eram seres superiores vindos de um outro mundo, o mundo dos mortos.

Depois de algum contato, o *mani* Soyo decidiu converter-se ao catolicismo, recebendo então o nome de dom Manuel, o mesmo nome do irmão da rainha de Portugal (dona Leonor). O filho do *mani* Congo foi igualmente batizado e chamado de dom Antônio.

Em 1489, o próprio *mani* Congo, rei do Congo, decidiu também se converter.

O batismo do mani Congo, *retratado por artista holandês no século XVIII.*

Depois de ser batizado, juntamente com alguns de seus chefes mais importantes, passou a chamar-se dom João, o mesmo nome do rei de Portugal da época (dom João II).

Essa conversão se deu em parte porque os congoleses perceberam a relação entre a fé católica e o poder que poderiam alcançar: os portugueses ajudavam o rei do Congo com apoio militar, o que fortalecia o poder nas mãos do *mani* Congo.

O rei do Congo, agora chamado dom João, mandou destruir os símbolos da antiga tradição religiosa e os substituiu pelos da Igreja católica. Além disso, adotou muitos outros símbolos que pertenciam às cortes reais portuguesas, como os objetos que representavam o reino – o estandarte e a flâmula, entre outros.

Tendo como base a difusão da fé cristã, Portugal decidiu manter uma relação amigável com o reino do Congo para garantir um bom comércio.

Dom João não conseguiu se manter no poder como rei católico, porque os defensores da religião tradicional o pressionaram até que ele desistisse. Foi somente no primeiro ano do reinado de dom Afonso I, que governou o Congo de 1501 a 1542, que os soberanos do reino voltaram a assumir um novo pacto com Portugal, o que significou o fortalecimento do catolicismo.

Foi neste período que o tráfico de escravos cresceu. Logo no início, era o rei do Congo quem controlava o comércio de pessoas. Passados alguns anos, os comerciantes de escravos desrespeitaram o poder do rei e tomaram conta das rotas onde os aprisionamentos eram realizados.

O rei do Congo, dom Afonso I, reclamou ao rei de Portugal, dom João III, que os mercadores europeus aprisionavam até mesmo os nobres da corte. Lembra-se de que dissemos que a escravidão praticada na África era diferente da realizada pelos europeus na América? Foi a partir do momento em que os portugueses passaram a levar qualquer pessoa que fosse negra como cativa, sem preocupar-se com sua origem, que se tornaram evidentes as diferenças entre esses dois tipos de escravatura.

Conforme o tráfico de escravos aumentava, cresciam os problemas entre o reino do Congo e os portugueses.

É importante notar que o tráfico de escravos desestabilizou a organização dos reinos que existiam na África antes de os portugueses ali chegarem. Os reinos que ficavam mais próximos do litoral foram fortalecidos pelo fato de terem portos por onde escoar os cativos em direção, principalmente, à América. Já os localizados mais no interior perderam influência, o que causou uma grande inversão de poderes dentro do continente africano.

O reino do Congo, localizado no litoral, perdeu muito de seu poder depois que passou a sofrer concorrência no tráfico de escravos praticado pelo reino vizinho, Ndongo, atual Angola. Mesmo com a decadência, a sua fundação e conversão ao catolicismo ficou gravada na história do Congo e de sua população. Prova disso é a realização das festas chamadas *congadas*, organizadas pelos africanos trazidos daquela região para serem escravos no Brasil.

5
... E uma festa chamada congada

A congada é uma festa realizada em comemoração à coroação do rei Congo, mas ela não acontece na África!

No Brasil, as primeiras congadas foram organizadas pelos africanos do grupo banto, trazidos do Congo, de Angola, Cabinda e Benguela, entre outros lugares da África Ocidental.

Essas festas já eram realizadas no Brasil desde o século XVIII, mas vamos contar como elas aconteciam a partir do século XIX.

Os africanos e seus descendentes, escravos ou alforriados, encenavam, como numa peça de teatro, os acontecimentos mais gloriosos que ocorreram com o rei do Congo e sua corte de nobres. O monarca em que eles se inspiravam era o *mani* Congo, dom Afonso I, responsável por difundir a religião católica naquele reino.

A festa lembrava o passado na África e os grandes feitos do povo congolês, colocando os negros numa posição de sujeitos principais da história, bem diferente da que tinham na sociedade brasileira. Por alguns dias, sua situação de escravos era amenizada. Em torno do rei Congo era construída uma comunidade negra formada por africanos e seus descendentes.

Uma vez por ano, ocorria a eleição do rei e da rainha Congo pelos membros da associação. No dia da padroeira da irmandade, realizava-se uma grande festa em sua homenagem, que era organizada pelo casal eleito. Nesse mesmo dia, acontecia também a cerimônia de coroação dos dois, conduzida por um padre durante uma missa.

Na congada, os participantes vestiam-se com roupas semelhantes às dos homens e mulheres que faziam parte da

Observe como o artista alemão Rugendas (1802-1858) retratou a beleza da congada.

Congada no interior do estado de São Paulo, em 2001.

corte original do rei do Congo. Após a coroação do rei e da rainha, os membros da irmandade saíam em cortejo pelas ruas tocando, dançando e encenando os feitos daquele soberano.

A maioria das encenações mostrava as ocasiões em que o rei do Congo saía vitorioso do campo de batalha com a ajuda de aparições de santos católicos.

Uma história bastante narrada era a da aparição de São Tiago para o rei do Congo, dom Afonso I. Conta a tradição que o monarca ainda não havia sido coroado, pois estava envolvido em disputas pelo trono. Em meio a uma batalha contra seus inimigos, apareceu-lhe o santo. Dom Afonso venceu a luta e pôde então tornar-se rei. A partir daí, passou a ser o maior defensor e difusor da religião cristã no seu reino.

Essa passagem nos permite perceber que as histórias encenadas na congada eram provas da intensa troca entre as culturas africana e portuguesa.

Por terem as congadas se originado dentro das irmandades católicas, havia uma forte presença de elementos do catolicismo ao lado de muita música e dança trazidas da África. E, visto que contavam uma história com elementos da religião católica, as coroações de rei Congo não foram proibidas. Mesmo quando os negros cantavam numa língua africana misturada ao português, ou dançavam e festejavam fora dos padrões europeus da sociedade de então, os membros da Igreja e da elite escravista achavam, ou preferiam achar, que se tratava de uma manifestação da fé cristã. Isso protegeu as irmandades e permitiu que elas relembrassem e conservassem traços culturais de uma África anterior à escravidão.

Depois que as irmandades perderam sua força, as festas de rei Congo foram aos poucos deixando de ser um espaço de afirmação cultural do negro africano. Ainda hoje há lugares em que se realizam congadas no Brasil, porém algumas diferenças podem ser notadas. Elas já não são um movimento composto só por negros.

6
A capoeira

A capoeira talvez seja a manifestação mais brasileira de todo o universo cultural afro-brasileiro. Ainda que contenha elementos africanos, quase todos concordam que foi um jogo criado no Brasil e que tem em sua formação elementos próprios da cultura afro-brasileira, como o samba e o candomblé.

Não há uma data precisa para a criação da capoeira. A maior parte dos que estudam o assunto acredita que ela tenha surgido durante o século XVIII. Também é motivo de discussão se a capoeira teria suas origens na África ou no Brasil.

Alguns creem que ela tenha sido criada em plantações, na Bahia. Outros, que surgiu entre a população escrava do Rio de Janeiro. Uma das histórias é sobre escravos cujo trabalho era carregar cestas de palha sobre a cabeça. A essas cestas dava-se o nome de capoeira. Diz-se que, por trabalhar nas ruas e precisar se defender de eventuais ataques, esses homens tinham de equilibrar a cesta na cabeça, deixando os braços e as pernas livres para lutar. A partir daí, teriam desenvolvido técnicas que refletiam suas origens africanas, inspirando-se nas danças de guerra praticadas principalmente pelos povos de Angola.

As influências africanas podem ser confirmadas pela forte musicalidade dos toques da capoeira e pelo uso do berimbau.

O instrumento musical que conhecemos hoje como berimbau passou a ser utilizado há pouco tempo, a partir do século XX. Isso não significa que não tenha origens muito mais antigas. Há registros do século XIX de um instrumento muito semelhante chamado *urucungo*, encontrado com homens que praticavam a capoeira.

Para ir ainda mais longe, na África foi achado um arco, de nome *kambulumbumba*, muito parecido com o berimbau, e que é o principal instrumento musical utilizado pelos !kung, um povo que vive no Sudeste de Angola.

Indivíduos do povo !kung, em Angola, em 1964.

Assim como outros movimentos promovidos por africanos e seus descendentes, podemos dizer que a capoeira foi responsável pela formação de uma comunidade que se aliou para resistir à repressão da sociedade escravista brasileira.

Os primeiros documentos mais detalhados sobre a prática da capoeira, de princípios do século XIX, confirmam que os seus praticantes eram africanos trazidos da África Centro-Ocidental, a maior parte congoleses, cabindas e angolas.

Durante o século XIX, e principalmente a partir de 1850, a capoeira tornou-se presente no cotidiano das grandes cidades. como Rio de Janeiro e Salvador, e sua fama de agressividade causou temor na população.

Esse temor pode ser explicado pelo fato de a capoeira ter assumido o papel de reação ao regime escravista. Por outro lado, ela podia também ser motivo para reunir companheiros que quisessem jogar ou treinar.

Nas cidades, os seus praticantes eram chamados de *capoeiras*, e um grupo deles era denominado *malta*. As maltas podem ser analisadas como grupos de ajuda mútua, nos quais se construía um espaço de companheirismo e de resistência.

Os capoeiras utilizavam alguns acessórios para se identificar, como chapéus ou bonés e fitas nas cores vermelha ou amarela. Esses acessórios e cores misturavam tradições dos grupos de capoeira criados no Brasil com lembranças de suas origens africanas.

Perto do ano de 1850, a capoeira deixou de ser uma prática de negros (e mestiços) para incorporar também brancos pobres que estavam à margem da sociedade.

A capoeira ganhou muita força no século XX. É hoje praticada intensamente em todo o Brasil e tem formas diferentes, entre as quais a *capoeira angola* e a *capoeira regional*. Há evidências de que a variedade angola é mais semelhante ao primeiro jogo criado no Brasil. E é sobre ela que vamos falar.

Atualmente, a capoeira é composta de instrumentos, cantos e movimentos, e os três itens têm igual importância.

Os instrumentos da capoeira são o berimbau, o pandeiro, o agogô, o reco-reco e o atabaque. O berimbau pode ser de três tipos: o *gunga*, que produz o som mais grave; o *médio*; e o *viola*, de som mais agudo.

Sem a música, não há capoeira. Só depois que os músicos se colocam é que se forma a *roda de capoeira*, que tem seu ritmo conduzido pelos toques dos instrumentos e pelos cantos.

Os cantos da capoeira contam nas suas letras a saga vivida pelos africanos, relembrando sua origem na África e suas histórias depois que desembarcaram na América.

Há apenas um cantor, que é acompanhado pelos demais capoeiristas da roda. Ele grita "Iê!" para anunciar o início do canto.

A ladainha é a primeira parte do canto. Enquanto é cantada, os capoeiristas ficam agachados próximos ao berimbau, concentrando-se para entrar na roda. Preste atenção à letra e perceba o desabafo que faz o compositor sobre a sua situação:

Iê!
Ô meu Deus, o que é que eu faço
Para viver neste mundo
Se ando limpo sô malandro
Se ando sujo sô imundo
Ó qui mundo velho e grande
Ó qui mundo inganador
Eu digo desta maneira
Foi meu pai que me ensinô
Se não falo sô calado
Se falo sô falador, camará...

O UNIVERSO musical da capoeira. Salvador: Grupo de Capoeira Angola Pelourinho, 1994.

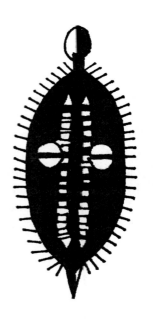

Quando acaba a ladainha, os capoeiristas que vão entrar na roda se colocam na frente do berimbau do cantador e se saúdam, enquanto os outros componentes que formam a roda também fazem uma saudação. Esse momento do canto é chamado de *chula*.

A última parte é o *corrido*, em que os capoeiristas podem começar a jogar.

*Sou angoleiro que vem de Angola
Jogo por Deus e por Nossa Senhora
Sou angoleiro que vem de Angola
Que venho de Angola, que vem de Angola
Sou angoleiro que vem de Angola
Tocando atabaque, pandeiro e viola
Sou angoleiro que vem de Angola
Ê, jogo com você a qualquer hora
Sou angoleiro que vem de Angola.*

O UNIVERSO musical da capoeira. Salvador: Grupo de Capoeira Angola Pelourinho, 1994.

Agência Estado.

Roda de capoeira, em Salvador (Bahia), em 2002.

7
O Brasil na África

Sousa, Rocha, Silva, Barbosa são sobrenomes bastante conhecidos para nós, brasileiros, não são? Pois podemos encontrar pessoas com esses nomes também na África.

Olhe mais uma vez o mapa político da África (página 9). Procure na costa ocidental do continente a Nigéria, o Benim e o Togo. É justamente nesses países que podemos encontrar uma comunidade com raízes brasileiras. Esse povo é chamado *agudá* no Benim, e *amarô* na Nigéria. Mas por que eles se consideram "brasileiros"?

A partir de 1745, alguns brasileiros, na sua maioria baianos, perceberam que poderia ser muito lucrativo mudar para o antigo reino do Daomé (atual Benim) e de lá praticar o tráfico de escravos para o Brasil. Comerciavam também azeite de dendê, noz-de-cola e outros artigos africanos. O principal traficante de escravos daquela região era um baiano de nome Francisco Félix de Sousa.

A esses primeiros brasileiros que se instalaram na África Ocidental somaram-se outros, em geral ex-escravos, muitos deles africanos de nascimento, que retornavam do Brasil para a África depois de conseguir, por diversos meios, comprar sua alforria e pagar a viagem.

Grande parte desses homens e mulheres não tinham sua origem nos países que hoje são a Nigéria, o Benim e o Togo, mas ali se instalavam porque haviam perdido o vínculo ou se desentendido com seu grupo original. De volta à África, procuravam se inserir entre os brasileiros que ali faziam comércio, buscando constituir uma família e garantir sua sobrevivência.

Domingos José Martins, José Francisco dos Santos e Pedro Codjo da Silveira são nomes de ex-escravos que, tendo obtido a alforria no Brasil, voltaram ao continente africano e lá conseguiram fazer família e fortuna como comerciantes de escravos e óleo de palma (no Brasil, conhecido como azeite de dendê).

Os grupos que retornaram à África criaram comunidades onde seus membros se identificavam, e ainda se identificam, como brasileiros ou descendentes destes. Comunidades como essas podem ser encontradas em cidades como Lagos (Nigéria), Porto-Novo e Cotonu (ambas no Benim). Nelas, podemos ainda hoje observar as casas construídas no começo do século XIX, com padrões de arquitetura muito semelhantes aos de cidades brasileiras como Salvador, Fortaleza e Rio de Janeiro. Em Lagos, existe até um bairro chamado *Brazilian Quartier*.

Esta é uma das primeiras casas construídas por artesãos brasileiros, em Lagos, na Nigéria. Sua construção data, provavelmente, da década de 1840.

Os traficantes brasileiros e os ex-escravos retornados foram responsáveis por uma intensa troca cultural entre os dois lados do oceano Atlântico. Os agudás, ou "brasileiros", ajudaram a disseminar o catolicismo nas localidades africanas onde se instalaram, levaram uma outra forma de construir casas, bem como outros hábitos sociais, muitas vezes semelhantes aos da elite escravista que vivia no Brasil.

A cultura brasileira levada para a África não era exatamente igual à que existia aqui. Nas idas e vindas dos barcos que navegavam pelo Atlântico, forjou-se uma cultura nova, criada principalmente pelo olhar e pela maneira de ser e agir dos africanos que haviam passado pela experiência da escravidão e, libertos, conseguiram retornar à África.

Podemos imaginar que esses ex-escravos eram homens e mulheres corajosos, que juntaram meios para comprar sua liberdade, voltar ao continente africano e ali se instalar. Procuravam recuperar a dignidade roubada pela escravidão que lhes fora imposta.

Ainda hoje se comemora no Benim a festa de Nosso Senhor do Bonfim. Em janeiro, a exemplo do que acontece no Brasil, sai às ruas um cortejo composto pelos que se consideram descendentes dos brasileiros, fazendo uma celebração com músicas que misturam o português às línguas africanas do país.

Observe a foto a seguir e perceba como há mesmo um pedaço do Brasil que ainda vive no continente africano.

Desfile da véspera da festa de Nosso Senhor do Bonfim, em Porto-Novo (Benim), em 1996.

PARA CONCLUIR

Vimos aqui algumas das manifestações culturais de origem africana no Brasil. Transformadas pelos africanos que foram trazidos para servirem aqui como escravos, muitas vezes tomaram forma de resistência à escravidão a que foram submetidos.

Quando embarcaram nos navios negreiros, os africanos foram separados de suas famílias e de seu grupo. Ainda que vivessem no Brasil como escravos, conseguiram manter elementos de sua africanidade e somaram seus modos de enxergar e interpretar o mundo aos dos povos que encontraram na América.

Os africanos e seus descendentes se inseriram na sociedade brasileira escravista de maneira ativa e participativa, e a cultura afro-brasileira de hoje pode ser vista como produto dessa ação.

Não faz muito tempo que a história dos africanos começou a ser contada no Brasil. Esperamos que este seja apenas um entre muitos outros trabalhos que contem sobre a África e os africanos para os brasileiros.

GLOSSÁRIO

ajuda mútua: cooperação entre os membros de uma mesma associação ou comunidade.

alforriado: aquele que é libertado da escravidão.

ancestral: antepassado familiar, pessoa de geração anterior.

aportar: chegar ou desembarcar em um porto; chegar a algum lugar.

cativo: homem ou mulher que perdeu a liberdade, que foi aprisionado.

confrade: membro de uma irmandade religiosa.

confraria: irmandade religiosa.

congolês: natural do Congo, antigo reino da África. Atualmente, são chamados congoleses os que nascem na República do Congo (ou Congo-Brazzaville) e na República Democrática do Congo (ou Congo-Kinshasa).

etnia: de maneira simplificada, grupo de pessoas que formam uma comunidade de mesma língua, religião e modo de agir, entre outras características culturais.

identidade: conjunto de características e circunstâncias que distinguem uma pessoa ou um grupo de pessoas, pelas quais é possível diferenciá-lo(a) dos demais.

islamismo: religião fundada pelo profeta árabe Maomé, que deixou sua doutrina escrita em um livro sagrado, o Corão, aos que seguem a fé muçulmana.

iorubas: povo africano que vive no Sudoeste da Nigéria, do atual Benim e do Togo. Trazidos em grandes levas e escravizados no Brasil, onde receberam a denominação de nagôs, os iorubas instalaram-se principalmente na Bahia. Exerceram forte domínio social e religioso sobre outros grupos também cativos.

jejes: um dos povos que habitam os atuais Togo, Gana, Benim e regiões vizinhas.

malês: negros africanos que praticavam a religião muçulmana, como os povos hauçás e nagôs, que liam e escreviam em língua árabe.

minas: dizia-se dos africanos trazidos da Costa da Mina, região onde hoje estão a Costa do Marfim, Gana, o Togo, o Benim, a Nigéria e Camarões.

nagôs: denominação que receberam no Brasil os povos africanos iorubas. Ver *iorubas*.

sociedade escravista: sociedade que está apoiada na prática do regime de trabalho escravo.

sublevação: rebelião individual ou em massa; revolta.

sudaneses: grupos trazidos da África Centro-Oriental.

varíola: doença contagiosa que provoca dores, vômitos e bolhas de água por todo o corpo. Conhecida também por bexiga.

BIBLIOGRAFIA

COSTA E SILVA, Alberto da. *A manilha e o libambo: a África e a escravidão, de 1500 a 1700*. Rio de Janeiro: Nova Fronteira/ Fundação Biblioteca Nacional, 2002.

CUNHA, Marianno Carneiro da. *Da senzala ao sobrado: arquitetura brasileira na Nigéria e na República Popular do Benim*. São Paulo: Nobel/Edusp, 1985.

DRUMMOND DE ANDRADE, Carlos. *Passeios na ilha*. Rio de Janeiro: Edições das Organizações Simões, 1952.

GURAN, Milton. *Agudás: os "brasileiros" do Benim*. Rio de Janeiro: Nova Fronteira/Gama Filho, 2000.

KUBIK, Gerhard. *Música tradicional e aculturada dos !kung de Angola*. Lisboa: Junta de Investigações do Ultramar/Centro de Estudos de Antropologia Cultural, 1970.

LÍBANO, Carlos Eugênio. *A capoeira escrava e outras tradições rebeldes no Rio de Janeiro (1808-1850)*. 2. ed. Campinas: Editora da Unicamp/Centro de Pesquisa em História Social da Cultura, 2002.

O UNIVERSO musical da capoeira. Salvador: Grupo de Capoeira Angola Pelourinho, 1994.

PRANDI, Reginaldo. *Mitologia dos orixás*. São Paulo: Companhia das Letras, 2001.

QUINTÃO, Antonia A. *Irmandades negras: outro espaço de luta e resistência (1870-1890)*. Dissertação (Mestrado em História) – Departamento de História da Faculdade de Filosofia, Letras e Ciências Humanas da Universidade de São Paulo, São Paulo, 1991.

_____. *Lá vem meu parente...: as irmandades de pretos e pardos no*

Rio de Janeiro e em Pernambuco (século XVIII). São Paulo: Annablumme/Fapesp, 2002. (Selo Universidade, 185.)

SOUZA, Marina de Mello e. *Reis negros no Brasil escravista: história da Festa de Coroação de Rei Congo*. Belo Horizonte: UFMG, 2002. (Humanitas, 71.)

VERGER, Pierre Fatumbi; CARYBÉ. *Lendas africanas dos orixás*. Salvador: Corrupio, 1985.

VOGT, Carlos; FRY, Peter. *Cafundó, a África no Brasil: linguagem e sociedade*. São Paulo: Companhia das Letras, 1996.

A AUTORA

Nascida em São Paulo, Kelly Cristina Araujo é mestre em História Social pelo Departamento de História da Faculdade de Filosofia, Letras e Ciências Humanas da Universidade de São Paulo (USP).

Em 2003, em Luanda, Kelly realizou uma pesquisa sobre a história política contemporânea de Angola, país que adora.

SÉRIE diálogo
na sala de aula

Roteiro de Trabalho

editora scipione

Áfricas no Brasil

Kelly Cristina Araujo

Quando os africanos foram trazidos para servir como mão de obra escrava no Brasil, poucos viam neles qualidades além da força de seus músculos para o trabalho nas lavouras e nas casas dos senhores. A história que contamos neste livro, entretanto, fala de resistência e integração.

Ela mostra como os filhos da África souberam resistir à dominação, mantendo e perpetuando suas manifestações culturais, ainda que modificadas.

Este roteiro propõe atividades que podem ser trabalhadas por professores de várias disciplinas, entre elas língua portuguesa, artes, história e geografia.

A IMPORTÂNCIA DA LEI N.º 10 639

PESQUISA

Divida a classe em grupos e proponha a cada equipe que pesquise um tema relativo a aspectos da cultura

REPRESENTAÇÃO

1. Proponha aos alunos a criação e representação de uma cena muda, a partir de uma informação do livro. Enfatize que, nesse caso, os elementos da composição são a postura corporal e os gestos.

2. Sugira à classe a montagem de uma peça teatral em que os alunos elaborem o texto, o cenário, o figurino e a trilha sonora.

Temas sugeridos

Uma viagem de navio da África para o Brasil; A chegada de um grupo de africanos no Brasil; A dança de um orixá; Uma pessoa sendo ajudada por uma irmandade dos homens pretos; O encontro de Diogo Cão com o mani Soyo; Um treino de capoeira.

c) anotar as dúvidas e sugestões dos grupos;

d) inscrever os alunos que queiram fazer perguntas e observações;

e) controlar o tempo das perguntas e respostas;

f) mediar as discussões.

Temas sugeridos

O negro retratado nos livros escolares; Manifestações da cultura afro nos dias de hoje; Obrigatoriedade do ensino de cultura afro-brasileira nas escolas; Preconceito racial no século XXI.

CRIAÇÃO

Divida a classe em quatro grupos e sugira as seguintes atividades, uma para cada equipe:

TEXTO DE APOIO

Novo mundo, novas comunidades

Marina de Mello e Souza

Ao serem arrancados de seus lugares de origem, transportados do interior da África pelos rios e rotas terrestres, agrupados nos portos de embarque e, depois da travessia do Atlântico, reagrupados nos plantéis, nos sítios, nas casas em que trabalhariam na condição de escravos, os indivíduos viviam processos traumáticos de quebra das estruturas sociais que davam as bases de sua inserção no mundo, tendo que encontrar novos termos de convivência e de apreensão da realidade ao seu redor.

Já na África, pessoas oriundas de diferentes aldeias passavam a conviver, partilhando os mesmos sofrimentos, frequentemente atadas umas às outras, trocando experiências e solidariedade. O tempo transcorrido entre o apresamento e o embarque podia ser muito longo. Além do percurso que levava aos portos de embarque, havia uma cadeia de comerciantes que negociavam os escravos, na qual grupos se desfaziam e novos grupos se formavam a caminho da costa. Nos

IBAZEBO, Isimeme. *Explorando a África*. São Paulo: Ática, 1997. (Explorando.)

A autora, nascida na Nigéria, traça um panorama da África, desde os tempos mais antigos, passando pela época dos grandes impérios africanos e pela exploração do continente pelos europeus, até os dias de hoje.

LIMA, Heloisa Pires. *Histórias da Preta*. São Paulo: Companhia das Letrinhas, 1999.

O livro fala de um povo que, arrancado à força de suas terras, foi escravizado no Brasil. A autora reúne informação histórica, estímulos ao exercício da cidadania e histórias para discorrer sobre a população negra no Brasil, com a experiência de quem já foi alvo de racismo.

MOKHTAR, G. *A África antiga*. São Paulo: Ática, 1983. (História Geral da África, II.)

Obra elaborada pelo Comitê Científico Internacional para a Redação de uma História Geral da África, da Unesco, formado por grandes especialistas de vários Lança os fundamentos teóricos e metoóría africana, fundamentando-

SUGESTÕES DE FILMES

Atlântico negro – na rota dos orixás. Direção: Renato Barbieri. Brasil, 1998. 1 fita VHS (75 min), son., color.

O filme mostra a influência africana na religiosidade brasileira, abordando as raízes da cultura jeje-nagô, que gerou o candomblé nos terreiros de Salvador e o Tambor de Minas nos do Maranhão. Um dos momentos mais impressionantes da fita é o encontro de descendentes de escravos baianos que moram em Benim, mantendo tradições do século passado.

Chico Rei. Direção: Walter Lima Jr. Brasil, 1980. 1 fita VHS (115 min), son., color.

Trata-se da história de um escravo de origem nobre que descobre uma mina de ouro em Vila Rica, compra sua carta de alforria, as propriedades de seu antigo senhor e a liberdade de seus companheiros.

Festas religiosas de Santa Cruz de Goiás. Brasil, 1998. Produção: Seção Educativo-Cultural do Museu Antropológico. 1 filme (13 min), son., color.

O vídeo mostra as comemorações

Nascentes negras da música brasileira. Direção: Glória Moura. Brasil, 1989. Funteve/Fundação Cultural Palmares. 1 filme (59 min), son., color.

Documentário que mostra a presença do negro na história, cultura e folclore brasileiros, enfatizando o processo de resistência das comunidades negras através da música (africana), da religião (sincretismo religioso) e da língua (dialetos africanos).

Pastinha – uma vida pela capoeira. Direção: Antonio Carlos Muricy. Brasil, 1997. 1 fita VHS (52 min), son., color.

Documentário filmado no Rio de Janeiro, Salvador e Nova York, retratando a vida do Mestre Pastinha. Conhecido como "Guardião da Capoeira Angola", recebeu no final dos anos 1930 a missão de defendê-la das mudanças introduzidas para aumentar sua eficiência como luta.

Pequena África. Direção: Zózimo Bulbul. Brasil. 1 filme 35 mm (15 min), son., color.

rior de Goiás. Festas como a do Divino, a de Nossa Senhora do Rosário e a de Sant'Ana. Essas, remontam a mais de 150 anos. Nessas manifestações estão presentes as cavalhadas (representação da luta entre mouros e cristãos), a congada, de origem afro--brasileira, e a contradança, de origem francesa.

No Rio de Janeiro de 1910, capital do Brasil, um bairro de escravos alforriados é o centro da cultura afro-brasileira. O filme investiga as influências desta pequena África que se perdeu com o tempo, mas que deixou marcas profundas.

armazéns costeiros, confluência de muitas rotas, os grupos aumentavam e ficavam ainda mais diversificados. Falantes de várias línguas, os indivíduos aprendiam como se comunicar entre si, encontrando as similaridades entre suas falas e costumes específicos, e ensinando as diferenças uns aos outros. Nesse tempo de convivência afloravam afinidades e inimizades, novas formas de relacionamento eram esboçadas, laços eram tecidos e lideranças escolhidas.

SOUZA, Marina de Mello e. *Reis negros no Brasil escravista: história da Festa de Coroação de Rei Congo.* Belo Horizonte: UFMG, 2002. p.147-8. (Humanitas, 71.)

SUGESTÕES DE LEITURA E CONSULTA

CÂMARA CASCUDO, Luís da. *Made in África.* São Paulo: Global, 2001.

O autor fala sobre o maracatu e outros gingados africanos, como lundus, batuques e umbigadas, entre outros, que sobrevivem no meio popular e asseguram a herança trazida da África para o território brasileiro.

-se nas mais diversas fontes, inclusive a tradição oral e a expressão artística.

VERGER, Pierre. *Fluxo e refluxo: do tráfico de escravos entre o Golfo do Benim e a Bahia de Todos os Santos, dos séculos XVII a XIX.* Salvador: Corrupio, 1987.

A obra aborda o tráfico negreiro oficial e o clandestino, as ações de corsários, embaixadores, navegadores e comerciantes, o resultado de contrabandos e revoltas, a vida de baianos que se mudaram para a África e de africanos que se "baianizaram".

VOGT, Carlos; FRY, Peter. *Cafundó: a África no Brasil.* São Paulo: Unicamp/Companhia das Letras, 1996.

Cafundó é uma comunidade rural negra situada em Salto de Pirapora, a 150 quilômetros de São Paulo, descoberta por jornalistas e pelos autores desse livro em 1978. A obra enfatiza o papel estruturador da "língua africana" nas relações sociais e no universo cultural de seus moradores e de outras comunidades negras.

d) Selecionar trechos do livro Capoeira no Brasil e ilustrá-los.

b) Pesquisar as vestimentas dos principais orixás, reproduzi-las em miniaturas utilizando papel crepom ou tecidos e organizar uma exposição de bonecos.

c) Elaborar uma história em quadrinhos mostrando a influência da cultura africana no Brasil.

d) Organizar o "Dia da Cultura Africana", com exposição de pratos típicos, músicas e danças folclóricas, painéis fotográficos e instrumentos musicais.

DEBATE

Promova um debate em sala de aula sobre o que se aprendeu no livro e com as atividades propostas. Os alunos deverão escolher um coordenador, que ficará encarregado de:

a) organizar as equipes;
b) definir o tempo de cada apresentação;

REDAÇÃO

Divida a classe em três grupos e proponha os seguintes trabalhos:

a) Pesquisar gravuras de Jean Baptiste Debret e Johann Moritz Rugendas e fotografias de Pierre Verger e escrever um pequeno texto com o tema "De Debret a Verger: trajetória da representação do negro brasileiro".

b) Fazer uma dissertação sobre a cultura afro-brasileira, procurando abordar os principais pontos tratados no livro *Áfricas no Brasil*.

c) Redigir um texto comparando a escravidão de africanos no Brasil e a praticada em outras partes das Américas.

Encarte elaborado por **Tatiana dos Santos Costa**.

A lei n.º 10.639, de 9 de janeiro de 2003, obriga a inclusão do ensino de cultura afro-brasileira nas grades curriculares do país desde o ensino fundamental.

Independentemente de qualquer obrigatoriedade, esse caminho nos permite conhecer um outro universo histórico e cultural, que pode perpassar por diversas áreas, da história da arte à língua portuguesa falada no Brasil.

Com base nisso, parece-nos igualmente importante valorizar a própria história da África, cujo estudo no Brasil, durante muito tempo, esteve restrito aos conhecimentos sobre o Egito antigo. Ora, esse vasto continente é cultural e historicamente rico demais para limitar-se ao apogeu e declínio da civilização egípcia. Ao mergulhar no universo africano, podemos compreender melhor sua influência na cultura brasileira.

brasileira que tenham origem africana ou sobre acontecimentos históricos com a participação de africanos no Brasil.

a) Em alguns casos, é possível fazer uma pesquisa de campo, entrevistando pessoas ligadas a cultos de origem africana ou participantes de grupos de capoeira ou de música, por exemplo. Oriente os alunos sobre a melhor maneira de abordar os entrevistados e elaborar as perguntas a serem feitas.

b) Os resultados dos trabalhos deverão ser apresentados em classe. Peça aos grupos que preparem um roteiro para debate, com cópia para as outras equipes. Se julgar oportuno, sugira aos alunos que elaborem um mural com fotos recortadas de revistas e jornais ou obtidas pela Internet.

Temas sugeridos

Os quilombos na época da escravidão; Os quilombos remanescentes; A Revolta dos Malês (Bahia, 1835); Influência das línguas africanas na língua portuguesa falada no Brasil; Cultos religiosos; História dos orixás; Igrejas construídas pelas irmandades dos homens pretos; Festas populares; Capoeira; Maracatu; Culinária.

Roteiro de Trabalho **1**